PROFESOR DARWIN

EVOLUCIÓN

© del texto: Sheddad Kaid-Salah Ferrón, 2023 | @SheddadKF
© de las ilustraciones: Eduard Altarriba Bigas, 2023 | @eduardaltarriba

© de la edición: Andana Editorial
Av. Aureli Guaita Martorell, 18. Picassent 46220 (Valencia)
www.andana.net / andana@andana.net

Primera edición: noviembre de 2023

Diseño y maquetación: Alababalà
Revisión lingüística: Leticia Oyola

ISBN: 978-84-19913-03-6
Depósito legal: V-2760-2023

Impreso en España

Queda prohibida la reproducción, distribución, comunicación pública, transformación o transmisión, total o parcial, de este libro bajo cualquier forma o medio, electrónico o mecánico, sin la autorización escrita del editor.
Si necesita fotocopiar o escanear algún fragmento de esta obra, puede dirigirse a CEDRO (www.conlicencia.com; 917 021 970 / 932 720 447).
Todos los derechos reservados.

Edición impresa en papel ecológico cuyo proceso de fabricación cumple con todas las normativas medioambientales.

VIDA	4
EL ÁRBOL FAMILIAR	6
EL ÁRBOL DE LA VIDA	7
ESPECIES	8
LA EVOLUCIÓN BIOLÓGICA	10
SELECCIÓN NATURAL	12
EL VIAJE DEL BEAGLE	14
FORJANDO LA TEORÍA DE LA SELECCIÓN NATURAL	16
'EL ORIGEN DE LAS ESPECIES'	17
ADAPTACIONES AL MEDIO	18
HERENCIA	20
LA CÉLULA	22
MUTACIONES	24
NO TODOS SOMOS IGUALES	26
VARIABILIDAD GENÉTICA	27
LA TEORÍA DE LA EVOLUCIÓN	28
LA EVOLUCIÓN DE LA VIDA	30
ESPECIACIÓN	32
MICROEVOLUCIÓN Y MACROEVOLUCIÓN	33
LA POLILLA MOTEADA	34
LA EVOLUCIÓN DE LAS AVES	36
COEVOLUCIÓN	38
SELECCIÓN ARTIFICIAL	39
FÓSILES	40
«DISEÑOS» MEJORABLES	42
EXTINCIONES	43
LUCA	44
LOS FUTUROS HUMANOS	46

VIDA

EN NUESTRO PLANETA LA VIDA ESTÁ POR TODAS PARTES

Mires donde mires, puedes encontrar animales, plantas y microbios de mil formas, tamaños y colores. Y lo más alucinante es que todos estos seres vivos están adaptados al entorno en el que viven. Es como si hubiesen estado diseñados a propósito para vivir en sus hábitats.

Los murciélagos tienen un radar para localizar insectos y cazarlos.

La ballena azul filtra hasta 90 toneladas de agua para capturar el kril, los diminutos animales marinos que le sirven de alimento.

El colibrí puede quedarse suspendido en el aire mientras chupa el néctar de una flor con su largo pico.

La flor puede polinizarse cuando el colibrí vuela a otra flor.

Los peces pueden respirar bajo el agua con sus branquias, tienen aletas y cola para nadar y su forma es ideal para desplazarse por el agua.

Las bacterias que viven en los intestinos ayudan a digerir los alimentos a cambio de obtener nutrientes de sus anfitriones.

Las serpientes venenosas tienen dos colmillos que inyectan veneno para cazar y defenderse.

Las mangostas cazan serpientes y son animales muy tolerantes a su veneno.

Los cactus de desierto pueden almacenar gran cantidad de agua para soportar los largos períodos de sequía.

Existe una impresionante variedad de seres vivos en la Tierra, como plantas y animales. Sin embargo, ¿cómo podemos explicar esta rica diversidad si sabemos que los seres vivos no aparecen de repente ni se crean de la nada? ¿Cómo explicamos que parezca que todos han sido diseñados para vivir como viven y en el lugar exacto?

A mediados del siglo XIX, se pudo resolver este rompecabezas, sobre todo gracias a las aportaciones del científico y naturalista inglés **Charles Darwin** (1809-1882), que planteó la idea de la evolución biológica a través de la selección natural. Darwin se percató de que toda la biodiversidad es debida principalmente a las variaciones que han sufrido las distintas especies para adaptarse a los diferentes entornos que ha habido en el planeta a lo largo del tiempo.

EL ÁRBOL FAMILIAR

Tus antepasados más cercanos son tus padres: tu madre y tu padre; con tus primos compartes otros antepasados un poco más antiguos: tus abuelos. Yendo un poco más allá: con tu madre, tus tíos, tus primos e incluso con tu abuela compartes un antepasado común aún más lejano: tu bisabuela. Todas estas relaciones familiares las podemos representar en forma de árbol.

En las ramas más alejadas del tronco hallamos a los miembros más jóvenes de la familia. A medida que nos adentramos en las ramas y nos acercamos al tronco, vemos a los individuos que nacieron antes y que tienen más edad. Si seguimos bajando, encontraremos miembros más antiguos aún y que quizá ya no estén: los antepasados de todos los que les quedan por encima.

Una de las ideas fundamentales de la biología es que todos los seres vivos estamos emparentados, somos familia. Y, si somos familia, podemos tener un árbol familiar, ¿no?

EL ÁRBOL DE LA VIDA

El árbol de la vida es el árbol familiar de todos los seres vivos que han habitado la Tierra.

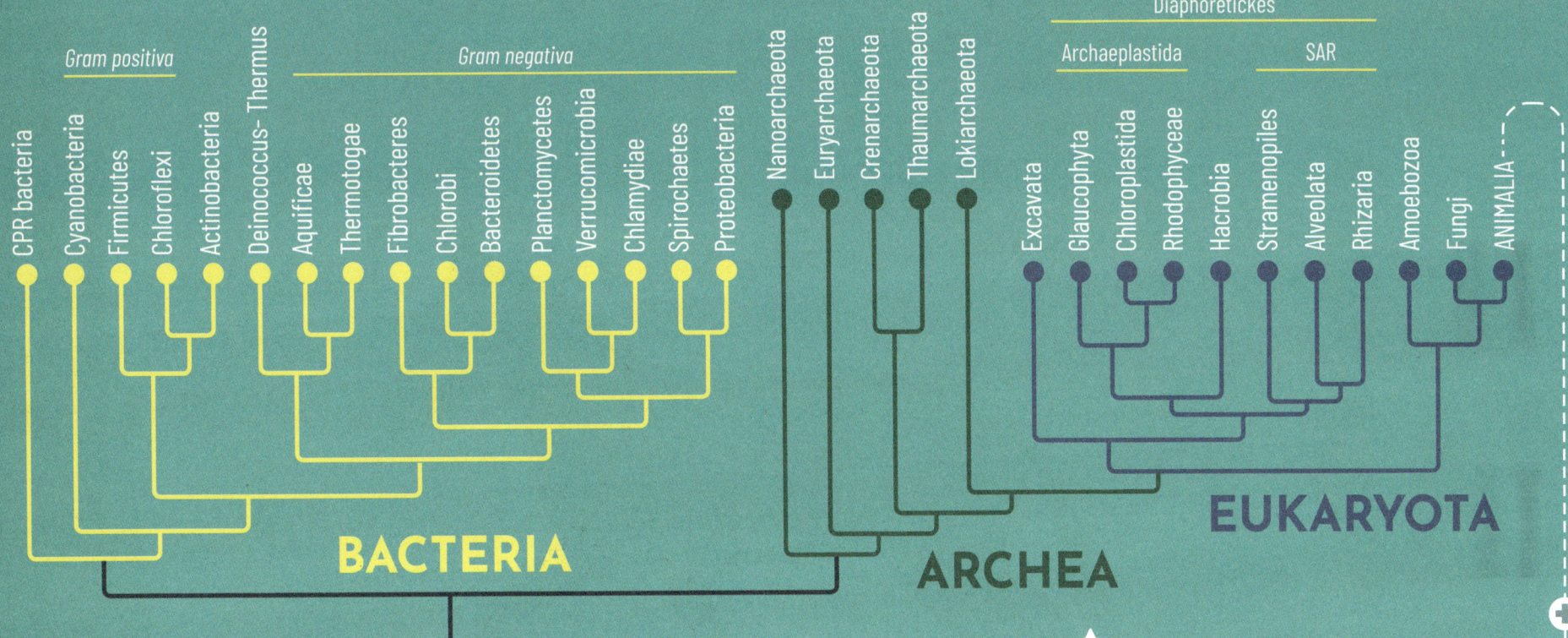

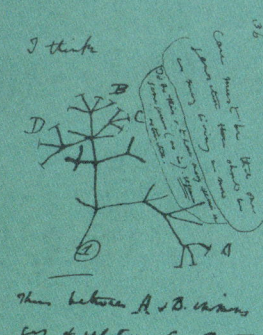

Darwin (pág. 14) utilizó un árbol filogenético en su cuaderno de notas.

A nuestro primer ancestro común, **LUCA** (ver pág. 44), lo situamos en la base del tronco de nuestro árbol. Y a partir de ahí surgen todas las ramas que representan a los diferentes organismos que han habitado la Tierra hasta llegar a la diversidad de vida actual.

A estos árboles que representan la evolución los llamamos **ÁRBOLES FILOGENÉTICOS**.

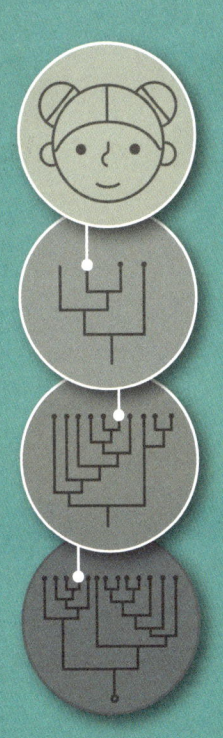

El árbol de la vida tiene muchísimas ramas, tantas que no se pueden representar en un solo dibujo. Así que se pueden representar ramas más pequeñas para ver las relaciones entre seres más cercanos.

Árbol filogenético simplificado del reino Animalia que muestra solo los nueve filos más ricos en especies.

7

ESPECIES

En este libro vamos a hablar muchas veces de especies. Más o menos, ya nos hacemos una idea de lo que son. Por ejemplo, sabemos que no son lo mismo los gatos y los perros, ni los gorilas y los chimpancés, ni las rosas y los pepinos. Pensamos en cada uno de estos grupos de seres vivos como especies distintas.

Pero ¿qué es una especie?

Podemos definir *especie* como un grupo en el que todos sus miembros tienen **caracterísiticas comunes** y **pueden reproducirse** e intercambiar genes entre sí, con lo que se crean **descendientes** que tendrán las mismas características que sus progenitores y, muy importante, **también** serán **fértiles**.

Por ejemplo, decimos que **los caballos son una especie**. Si una pareja de caballos se reproduce, sus hijos (la descendencia) también serán caballos que, al crecer y reproducirse, tendrán más crías de caballos.

Los burros (o asnos), por otro lado, pertenecen a **otra especie**, y, al reproducirse, sus crías serán fértiles y presentarán características propias de los burros.

Estas dos especies son tan cercanas que pueden llegar a reproducirse entre sí. Si una yegua (hembra de caballo) y un burro macho se aparean, su descendencia será **una mula, un híbrido entre dos especies** con características propias de los burros (como la resistencia, las pezuñas estrechas o las orejas alargadas) y con características de los caballos (como el tamaño, la altura, la forma del cuello o los dientes).

Sin embargo, **las mulas son estériles** y no pueden reproducirse. Por eso, sabemos que los caballos y los burros, a pesar de su gran similitud, son dos especies diferentes.

Aunque pueda parecer que la definición que hemos dado de *especie* es muy clara, la verdad es que no lo es: en la naturaleza hay muchos casos en los que es difícil aplicar esta definición. Por ejemplo, muchas bacterias se reproducen por fisión binaria (asexual): cuando llegan a un cierto tamaño, cada bacteria se divide en dos bacterias hijas clones sin necesidad de aparearse con otra bacteria.

La idea de especie nos sirve a los humanos para clasificar los organismos vivos. Pero hay que tener en cuenta que las cosas en la naturaleza no siempre son como pensamos que son.

A veces, saber si dos individuos son de la misma especie no es nada fácil.

La teoría de la evolución de la vida en la Tierra es el conjunto de conocimientos y evidencias científicas que explica un fenómeno:

LA EVOLUCIÓN BIOLÓGICA

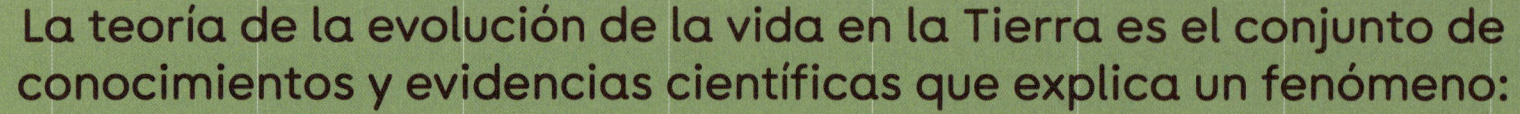

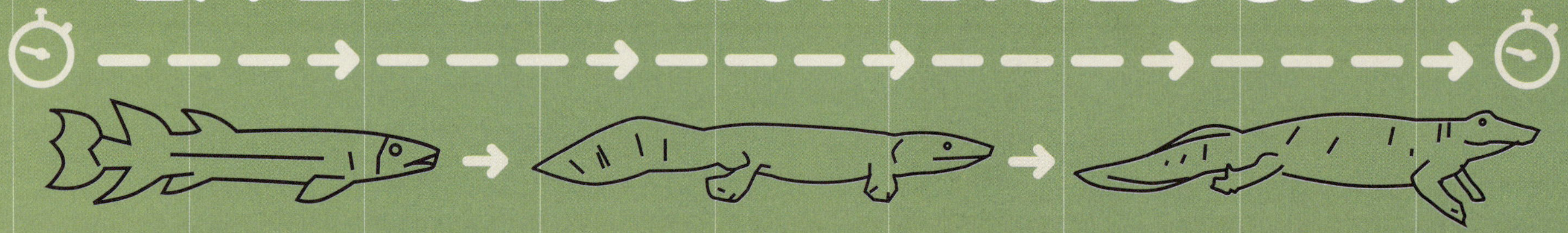

Cuando decimos que algo evoluciona, nos viene a la mente la idea de que ese algo cambia y se transforma a lo largo del tiempo.

La evolución biológica es el proceso natural de transformación de las especies a través de los cambios sufridos en los individuos en las sucesivas generaciones. Ha modelado todas las formas de vida.

Estos cambios son debidos a las mutaciones genéticas, fallos que ocurren al hacer copias de la información hereditaria (ver pág. 24) y que se transmiten de padres a hijos.

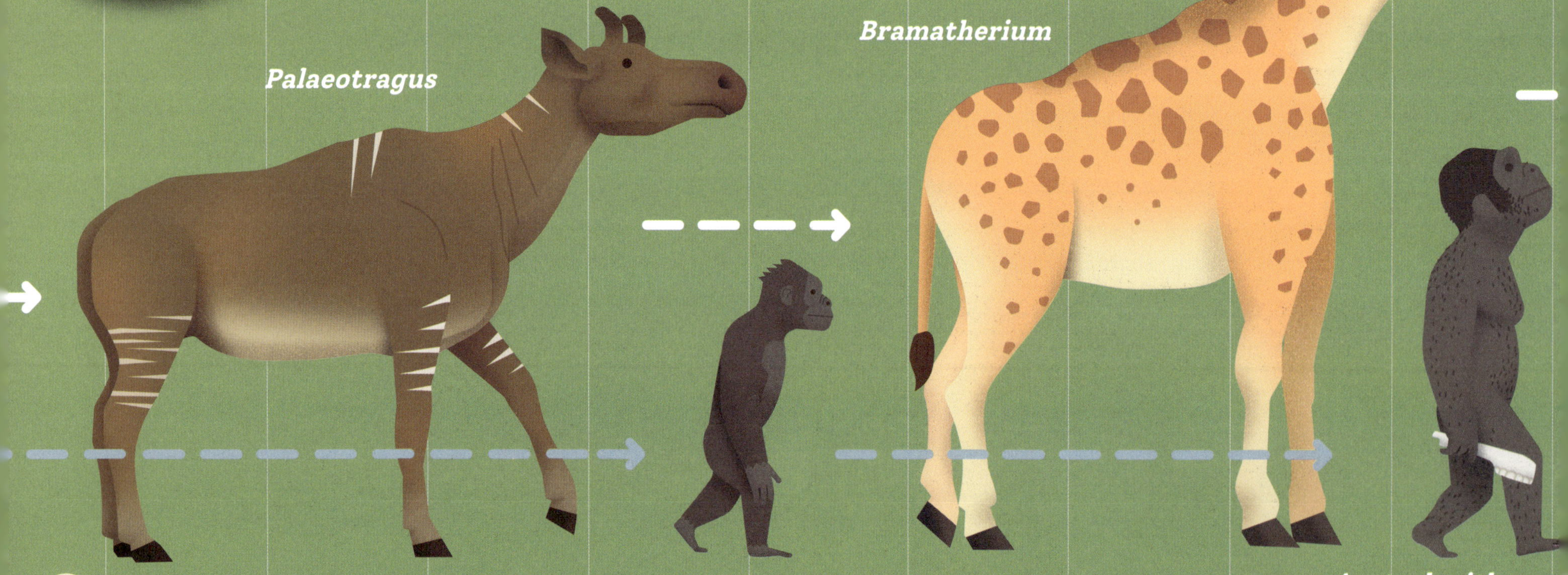

Palaeotragus

Bramatherium

Mioceno

Ardipithecus

Mioceno tardío

Australopithecus
hace unos dos millones de años

Las plantas y los animales que existen en la actualidad son descendientes de especies que vivieron en el pasado y han experimentado modificaciones a lo largo del tiempo.

Generalmente, es un proceso muuuy lento donde los pequeños cambios se heredan y se acumulan de una generación a otra durante millones de años.

Algunos animales, como las hormigas o los tiburones, apenas han experimentado cambios significativos en los últimos millones de años. Su diseño básico está tan bien adaptado a su entorno que los mecanismos de evolución biológica han alterado muy poco su estructura y sus características.

Jirafa

Las plantas con flores no siempre han existido. Aparecieron hace unos 140 millones de años y sus antepasados fueron plantas que producían semillas y no generaban frutos, como los pinos o los abetos actuales.

Lo mismo nos ha pasado a los humanos: hemos evolucionado de primates que vivieron hace millones de años y eran muy distintos de nosotros.

¡OJO!, NO TODO ES EVOLUCIÓN

No todos los cambios que ocurren a lo largo del tiempo **implican evolución** biológica. Algunos cambios, como el crecimiento de los seres vivos, las transformaciones de las orugas en mariposas, las heridas o la caída y crecimiento de las hojas en los árboles, son accidentes o procesos naturales que no implican cambios en la herencia de los descendientes.

Estos tipos de cambios que experimentan los seres vivos a lo largo de su vida NO son evolución biológica.

Las jirafas han experimentado modificaciones a lo largo de muchísimo tiempo, generación tras generación, que las han llevado a desarrollar su característico aspecto actual, con sus esbeltas patas y largo cuello.

Actualidad

Homo sapiens

SELECCIÓN NATURAL

La vida no es fácil. Todos los seres deben buscar alimento, resguardarse del frío o del calor, respirar, evitar los peligros; en definitiva, tienen que sobrevivir para dejar descendencia.

Los seres vivos somos distintos unos de otros. Incluso dentro de una misma especie, tenemos rasgos y características propias que nos hacen únicos y nos distinguen del resto. Las diferencias pueden ser de muchos tipos, muy sutiles o muy evidentes.

El gran naturalista inglés Charles Darwin (ver pág. 14) se percató de que los rasgos con los que nace un individuo hacen que tenga más o menos posibilidades de sobrevivir. Es decir: se seleccionan los individuos mejor adaptados.

Además de sobrevivir más, los bien adaptados tienen más posibilidades de tener descendencia a la que traspasar estos buenos rasgos. Así, cada vez nacerá un mayor número de individuos mejor adaptados a su entorno y la especie evolucionará.

Darwin utilizó esta idea de la selección natural para explicar la evolución biológica en su famoso libro *El origen de las especies*.

En la página anterior hemos visto cómo han evolucionado a lo largo de los siglos las actuales jirafas. Ahora vamos a ver cómo ha contribuido la selección natural en este cambio.

Diferencia en los rasgos
En una población de jirafas, no todas tienen el cuello ni las patas igual de largos. Habrá unas más altas que otras.

NO SON LOS INDIVIDUOS LOS QUE EVOLUCIONAN, SINO LAS POBLACIONES DE UNA ESPECIE.

No puede haber un número ilimitado de individuos en el entorno

Cada especie aprovecha su ventaja adaptativa.

Las jirafas se alimentan de la alta vegetación, de las hojas de árboles y matorrales que no se encuentran a ras del suelo y que otros animales no pueden alcanzar.

LOS RECURSOS SON LIMITADOS

Como no existe un número infinito de árboles, el entorno no puede soportar un número ilimitado de jirafas o de otros herbívoros que conviven con ellas.

Las jirafas más altas podrán alcanzar las hojas más alejadas, mientras que las más bajitas no llegarán. Cuando las hojas más cercanas se acaben, las jirafas con el cuello o las patas más cortos tendrán menos posibilidades de sobrevivir.

Las jirafas de cuello y patas largos son afortunadas: tienen unos «buenos caracteres» que les dan ventaja en el entorno donde viven.

Los buenos rasgos se heredan

Gracias a sus rasgos, las jirafas altas tendrán más posibilidades de sobrevivir, reproducirse y transmitir sus «buenos caracteres» a sus crías, que heredarán patas y cuello largos.

Resultado final

Con el tiempo, los rasgos más ventajosos, los que permiten a las jirafas tener más descendencia, serán más comunes en la población y cada vez habrá más jirafas altas.

El viaje del BEAGLE

Charles Darwin
1809-1882

Darwin fue un naturalista inglés que ya desde niño estaba fascinado por la naturaleza y el coleccionismo de conchas, minerales...

Hijo y nieto de médicos, el joven Darwin entró en la Universidad de Edimburgo para cursar Medicina. Pero los estudios le resultaron tan aburridos y desagradables que su padre le mandó a Cambridge para estudiar la carrera eclesiástica. Fue allí donde cursó clases de botánica, entomología (insectos) y geología, y donde conoció a importantes naturalistas. Entre ellos a su maestro y amigo: John Henslow.

Fue Henslow quien lo recomendó como naturalista para el viaje que cambiaría su vida: el del **HMS Beagle**.

Durante casi **cinco años, Darwin viajó alrededor del mundo,** estudiando, recolectando e investigando biología, geología, paleontología y otras disciplinas. Sus observaciones le hicieron **reflexionar sobre las especies y su evolución**.

Después de su viaje, **Darwin continuó investigando sobre la evolución de las especies durante años**. Sus conclusiones y teorías provocaron gran revuelo y controversia, pero hoy en día siguen siendo fundamentales para la biología moderna.

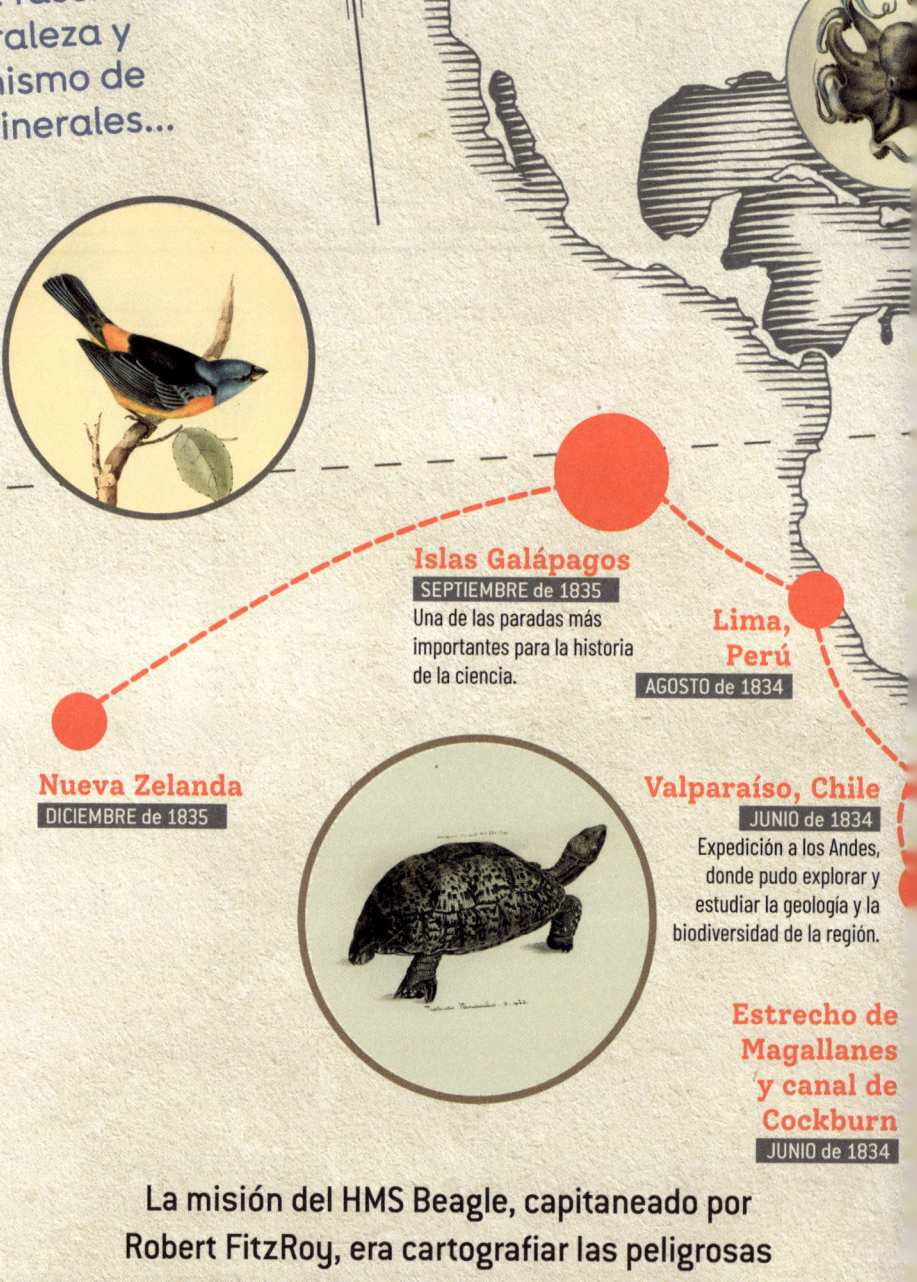

Islas Galápagos
SEPTIEMBRE de 1835
Una de las paradas más importantes para la historia de la ciencia.

Lima, Perú
AGOSTO de 1834

Nueva Zelanda
DICIEMBRE de 1835

Valparaíso, Chile
JUNIO de 1834
Expedición a los Andes, donde pudo explorar y estudiar la geología y la biodiversidad de la región.

Estrecho de Magallanes y canal de Cockburn
JUNIO de 1834

La misión del HMS Beagle, capitaneado por Robert FitzRoy, era cartografiar las peligrosas costas meridionales de América del Sur y realizar cálculos cronológicos alrededor del globo terrestre para determinar su longitud.

FitzRoy tenía tan solo veintiséis años y había asumido el mando del barco tres años antes, tras la muerte del anterior capitán en un primer viaje científico del Beagle a tierras sudamericanas.

Para realizar sus mediciones, llevaban aparatos de última tecnología, como cronómetros (que servían para saber con exactitud su posición). Los cañones eran de cobre, porque si hubieran sido de hierro, como era habitual, habrían interferido en las brújulas y en los cronómetros.

Plymouth, Inglaterra
DICIEMBRE de 1831 y 2 de OCTUBRE de 1836
El Beagle zarpa el 27 de diciembre de 1831. No volverá a Inglaterra hasta casi cinco años después.

ores, Portugal
TIEMBRE de 1836

Canarias
No pueden desembarcar en Tenerife por culpa de una cuarentena del cólera.

Cabo Verde
ENERO de 1832
Darwin estudia los volcanes, observa los pulpos y anota que estos producen tintas de distintos colores según el suelo en el que van a ocultarse.

Ascensión
JULIO de 1832

Sta. Helena

Río de Janeiro, Brasil
ABRIL de 1832

Montevideo, Uruguay
JULIO de 1832

Costa argentina y Tierra del Fuego
Desde julio de 1832 hasta junio de 1834, el Beagle cartografía las costas argentinas y realiza varias misiones al interior del continente. Darwin halla diversos fósiles de mamíferos extintos.

Islas Malvinas, R. U.

Cabo de Hornos

El Beagle era un bergantín de la Marina Real británica de tan solo 27,5 metros de eslora en el que viajaban 74 personas entre viajeros y tripulación.

El Beagle era un barco de barcos. Cuando llegaba a un lugar, desplegaba su flota de siete botes para que los científicos pudieran efectuar sus trabajos.

Ciudad del Cabo
MAYO de 1836
Darwin visita a John Herschel, matemático y astrónomo inglés que le inspirará para *El origen de las especies*.

Darwin estudió los arrecifes de coral y desarrolló una hipótesis sobre la formación de los atolones de coral.

Islas Coco
ABRIL de 1836

Port Louis
ABRIL de 1832

Los ornitorrincos y las diferencias entre los marsupiales de cada región hacen que profundice en sus teorías.

Sídney, Australia
ENERO de 1836

Albany, Australia
MARZO de 1832

Tasmania

15

FORJANDO LA TEORÍA DE LA SELECCIÓN NATURAL

Durante las paradas de su viaje, Darwin observó una gran diversidad de especies y notó que a veces **los individuos de una misma estirpe presentaban diferencias** en apariencia, tamaño y comportamiento, y parecían estar relacionadas con su entorno.

En las islas Galápagos, Darwin pudo observar a los pinzones, unos pájaros que presentaban diferencias en el tamaño y la forma de sus picos de una isla a otra. Influenciado por las teorías del geólogo **Charles Lyell**, que hablaban de cambios graduales en la Tierra, se le ocurrió que con las especies podía pasar lo mismo.

Siguiendo su intuición y la teoría del **gradualismo**, llegó a la conclusión de que los **pinzones de las islas Galápagos** podían descender de un ancestro común y, durante un largo período de tiempo, haberse ido adaptando a los diferentes entornos: ¡LOS PINZONES **HABÍAN CAMBIADO**! (Ver pág. 32)

Geospiza magnirostris

Geospiza parvula

Certhidea olivacea

Geospiza fortis

Durante su regreso a Inglaterra, Darwin estudió a fondo sus observaciones y recopiló una gran cantidad de información sobre la variación y la selección natural en la naturaleza.

También se familiarizó con los escritos de Thomas Malthus, quien argumentaba que la población humana crece más rápido que los recursos para sustentarla, lo que lleva a una lucha por la supervivencia.

'El origen de las especies'

Cuando el Beagle regresó el 2 de octubre de 1836, Darwin se había convertido en una celebridad. Escribió muchas obras sobre diferentes temas, como *El viaje del Beagle* y *La descendencia del hombre y la selección en relación al sexo*. Pero, sin duda, su obra más importante es *El origen de las especies* (1859), donde presenta su **teoría de la evolución por selección natural**.

Alfred Wallace

Las ideas y los conceptos planteados en el libro **desafiaron** algunas de las **creencias religiosas de la sociedad de su tiempo**, especialmente el creacionismo, que sostenía que todo (hombres, plantas, animales..., el mundo) había sido creado tal y como lo conocemos por Dios.

Darwin llevaba años desarrollando sus teorías sobre la selección natural y la evolución cuando recibió un manuscrito de Wallace que planteaba las mismas ideas surgidas de sus estudios en el archipiélago malayo. Sorprendidos, decidieron presentar sus teorías conjuntamente en la Sociedad Linneana de Londres. Allí se leyó el manuscrito de Wallace y un extracto de las teorías de Darwin que luego se convertiría en *El origen de las especies*. Por eso, muchas veces nos referimos a la teoría de la evolución como la «teoría de Darwin-Wallace».

EL ORIGEN DE LAS ESPECIES ES UNO DE LOS LIBROS CIENTÍFICOS MÁS INFLUYENTES DE TODA LA HISTORIA.

ADAPTACIONES AL MEDIO

La inofensiva serpiente falsa coral (*Lampropeltis triangulum sinaloae*) tiene unos colores parecidos a los de la serpiente coral, una especie muy venenosa. Con este disfraz los depredadores no se atreven a acercarse demasiado.

El impala (*Aepyceros melampus*) es un antílope que destaca por sus grandes saltos, que pueden alcanzar distancias de más de 10 metros de longitud. Utiliza esta habilidad para escapar de sus numerosos depredadores, como leopardos, guepardos, licaones, leones, hienas, cocodrilos y pitones.

En las chimeneas submarinas, lugares donde emergen gases y lava debido a erupciones, habitan microorganismos adaptados a un entorno sin apenas oxígeno.

El tigre (*Panthera tigris*) utiliza su pelaje rayado para camuflarse entre la hierba y acercarse a sus presas sin ser descubierto.

La rosa de Jericó (*Anastatica hierochuntica*) es una planta que habita en los desiertos del Medio Oriente y puede deshidratarse y mantenerse cerrada durante años. Cuando vuelve a recibir humedad, reverdece y se abre de nuevo.

Los topos (*Talpidae*) viven bajo tierra, por lo que han perdido casi toda la visión y el oído. Sus garras delanteras están preparadas para excavar las galerías por las que se mueven.

La mariposa monarca (*Danaus plexippus*) viaja de México a Canadá, con lo que recorre unos 8000 kilómetros. Durante los tres meses de viaje, varias generaciones de mariposas irán naciendo en diferentes lugares para regresar al mismo árbol del que partieron sus ancestros.

Las lechuzas (*Tyto alba*) han desarrollado la visión nocturna para poder cazar (y no ser cazadas) por la noche.

HERENCIA

No es ningún secreto que los hijos suelen parecerse a sus padres; algunas características de los padres pasan a sus hijos. Esto sucede con todos los seres vivos. Si una pareja de perros tiene una camada, los cachorros se parecen a sus padres y también se parecerán entre sí (algunos más y algunos menos). Vamos, que no aparecerá un mastín en medio de una camada de chihuahuas, y mucho menos un pato...

Es decir, los individuos tienen características que pueden ser heredadas por su descendencia.

Pero cómo se transmitían estas características heredables siempre había sido un misterio. Nadie lo tenía claro. El mismo Darwin lo reconocía: «Las leyes que rigen la herencia son, en su mayor parte, desconocidas».

La clave está en los genes:

El primero que dio una explicación rigurosa de la herencia genética fue **Gregor Mendel** (1822-1884).

A Mendel le encantaban las plantas y sabía mucho sobre ellas, así que, para hacer sus experimentos científicos, utilizó plantas de guisantes. Las usó porque sabía que eran fáciles de manipular y de cruzar para obtener plantas hijas.

Las plantas de guisantes tienen varios caracteres heredables fácilmente reconocibles:

Los guisantes pueden ser de color verde o amarillo.

Los guisantes pueden ser rugosos o lisos.

Las flores pueden ser rojas o blancas.

A cada uno de estos caracteres heredables lo llamamos g<u>en</u>.

gen del color | **gen de la rugosidad** | **gen de las flores**

Y, de cada gen, los hijos heredan dos versiones del gen, una por parte de la madre y otra por parte del padre.

A cada versión de un gen se le llama **alelo**.

En sus experimentos cruzando plantas, Mendel se percató de que cada planta progenitora de guisantes (el padre y la madre) podía pasar estos caracteres o genes a la descendencia. Así, cada planta hija recibe un alelo de la madre y otro alelo del padre.

Por ejemplo: cruzamos una planta madre que tiene sus guisantes de color amarillo y una planta padre que los tiene de color verde para obtener plantas hijas.

Cada planta hija recibe un alelo amarillo de la madre y un alelo verde del padre.

Pero, cuando los miramos, los guisantes de la planta hija son de color amarillo y no verde.

Eso quiere decir que el color amarillo domina sobre el verde. En este caso, el alelo del color amarillo, el de la madre, es el que se expresa y podemos ver; lo llamamos **alelo dominante**

En cambio, el alelo del color verde, el del padre, queda oculto y no se expresa, por lo que lo llamamos **alelo recesivo**.

Y si cruzamos dos plantas hijas entre ellas, se pueden obtener guisantes verdes, ya que una de las plantas hijas puede obtener el alelo verde de la madre y también el del padre. El color verde del abuelo planta no se ha perdido y ha vuelto a aparecer.

Del mismo modo, se transmiten los genes de la rugosidad y del color de las flores con sus respectivos alelos.

Aunque Mendel hizo estos descubrimientos con plantas, sus resultados son válidos para todos los seres vivos.

Sus ideas sobre la herencia y los genes han sido fundamentales para la biología y la GENÉTICA.

LA CÉLULA

La célula es la unidad básica de la vida

Es la estructura más pequeña y fundamental que puede llevar a cabo todas las funciones necesarias para mantener la vida. Todos los organismos vivos están compuestos de células, desde las bacterias (formadas por células procariotas) hasta los animales, los hongos y las plantas (formados por células más complejas o eucariotas).

Los conjuntos de células forman los tejidos de los animales pluricelulares (músculos, cerebro, cartílagos...).

Las células tienen una estructura compleja y organizada que les permite llevar a cabo todas las funciones necesarias para la vida. Están rodeadas por una membrana celular y tienen los cromosomas formados por el material genético (ADN). Las células tienen también orgánulos especializados que realizan funciones concretas.

Los organismos unicelulares, como su nombre indica, están constituidos por una única célula.

Lisosomas
- Digestión de materiales

Citoplasma
- Líquido interior de la célula

Membrana celular
- Controla la entrada y salida de sustancias

Mitocondrias
- Producción de energía

Aparato de Golgi
- Centro logístico de lípidos y proteínas

Retículo endoplasmático
- Síntesis de proteínas y lípidos

TIPOS DE CÉLULA

Procariotas
No tienen núcleo.
Seres unicelulares.

Eucariotas
Tienen núcleo.
Pueden ser unicelulares o pluricelulares.

¿DÓNDE ESTÁ LA INFORMACIÓN?

El **ADN** (ácido desoxirribonucleico) es la molécula que contiene toda la información biológica o genética de cada ser vivo y que se halla en cada una de sus células. Es, por así decirlo, su **libro de instrucciones**.

Ribosomas
- Síntesis de proteínas

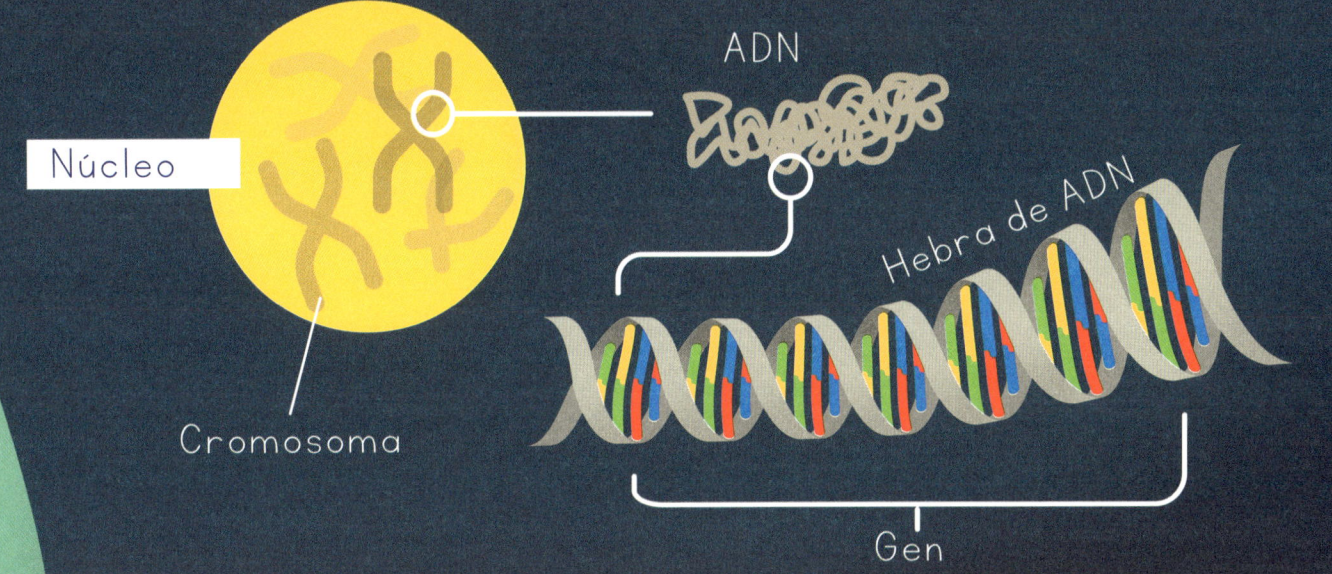

Un gen es el bit o unidad básica de información hereditaria.

Es un segmento de ADN con las instrucciones que necesita una célula para fabricar proteínas, las moléculas que se encargan del funcionamiento de casi todo en la célula.

Todas las células de tu cuerpo tienen, en el ADN, la información de qué eres (perro, microbio...) y cómo eres (bajo, pelirrojo...). Cada especie tiene su propio número de genes. En el caso de los seres humanos, tenemos unos 20 000 genes en nuestro ADN. Los organismos transmiten sus instrucciones biológicas, es decir, su ADN, a su descendencia durante la reproducción.

Por ejemplo, cada cría humana nace a partir de dos células, una de su madre (óvulo) y una de su padre (espermatozoide). Cada una de estas células lleva una copia de genes diferentes, los de la madre y los del padre, que se combinarán para formar una única copia distinta, la que heredará la cría.

MUTACIONES

Las mutaciones son cambios en la información genética, en el ADN, de un organismo.

Recuerda que el ADN de un ser vivo es como su libro de instrucciones y afecta a todos los aspectos de su vida: a su comportamiento, su apariencia e incluso, en los animales, su psicología.

¡TODOS SOMOS MUTANTES!

Somos muuuy parecidos, pero diferentes. Si no existieran las mutaciones, no aparecerían rasgos distintos entre los individuos; todos seríamos copias de nuestros padres y no habría evolución.

Causas de las mutaciones

Las mutaciones pueden producirse debido a que el ADN no se copia bien durante la división celular (replicación), a su ruptura espontánea, o a agentes externos que dañan el ADN, como la exposición a sustancias mutágenas, radiaciones como la luz ultravioleta o infecciones virales.

Lo ideal es que no se produzcan mutaciones, ya que pueden alterar el funcionamiento adecuado de las células y del organismo. Por eso las células cuentan con mecanismos para reparar errores durante la copia del ADN y prevenir así la aparición de mutaciones.

Aunque la réplica del ADN es un proceso muy preciso, en algunas ocasiones la célula no logra detectar o reparar los errores y se genera una mutación.

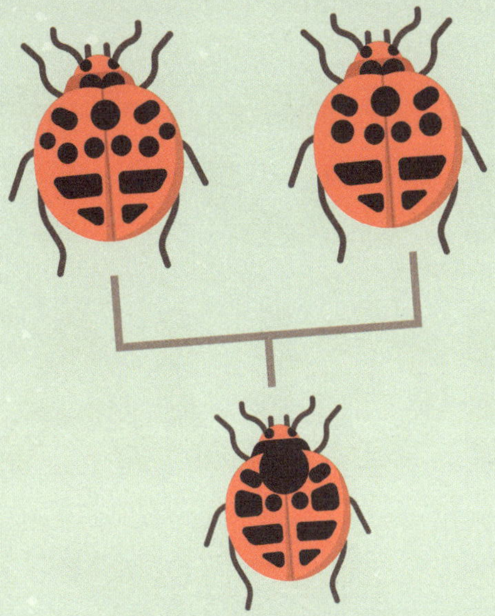

MUTACIONES Y EVOLUCIÓN

Mutación

LAS MUTACIONES SON MUY IMPORTANTES PARA LA EVOLUCIÓN, YA QUE SON LA PRINCIPAL FUENTE DE CAMBIO EN LOS SERES VIVOS.

Para un organismo, las mutaciones pueden ser:

Beneficiosas
Contribuyen a crear mejoras en los seres vivos. Por ejemplo, en el caso de las bacterias, si una mutación las vuelve resistentes a un antibiótico, les proporciona una ventaja adaptativa. Sin embargo, para nosotros, esto puede ser una mala noticia, pues nos dificultará la curación de infecciones.

Neutras
No afectan para nada.

Perjudiciales
Como las que provocan enfermedades, como el cáncer.

Las mutaciones son aleatorias, ocurren porque sí. Cuando aparece una mutación, no tiene la intención de mejorar o empeorar nada en un organismo. Simplemente, surge por azar, y puede tener diferentes consecuencias dependiendo del entorno o de la genética.

Heredable

No heredable

NO TODAS LAS MUTACIONES SON VÁLIDAS PARA LA EVOLUCIÓN
Todas las células de nuestro organismo contienen ADN, por lo que pueden ocurrir mutaciones en muchas partes de nuestro cuerpo. En función de donde aparezcan, se podrán transmitir a la descendencia y ser heredables o no.

Mutaciones NO heredables (somáticas)
Ocurren en células no germinales, como las células de la piel, y no se transmiten a los hijos. Estas mutaciones solo afectan a la persona durante su vida, como en el caso de una peca que surge en una célula de la piel y se va duplicando a medida que las células se van dividiendo.

Mutaciones heredables (germinales)
Ocurren en las células germinales de los padres que son las responsables de la reproducción. Estas mutaciones se transmiten a los hijos.
SON LAS IMPORTANTES PARA LA EVOLUCIÓN, YA QUE PUEDEN TRASPASARSE A LA DESCENDENCIA Y SON LA FUENTE DE CAMBIO Y DIVERSIDAD EN LAS POBLACIONES.

Imagina que ha habido una mutación en el gen del color del pelo que hace que este sea de color rojo. Para que esta mutación se herede, ha tenido que ocurrir en una de las células germinales de la madre (óvulo) o del padre (espermatozoide). Esta mutación ha hecho que aparezcan personas pelirrojas. Por casualidad, ha surgido en la población una nueva versión del gen, un nuevo alelo que determina el cabello pelirrojo.

NO TODOS SOMOS IGUALES (AFORTUNADAMENTE)

En una población, no todos los individuos son iguales; de hecho, se podría decir que todos son diferentes.

Si nos fijamos en cualquier especie, observaremos que todos sus individuos, aunque parecidos, son distintos: cada espécimen es singular y posee características que lo hacen único.

VARIABILIDAD GENÉTICA

Pero ¿qué nos distingue? Que seamos distintos unos de otros tiene que ver con nuestros genes individuales. Qué versiones del gen (alelos) tenemos para el color del pelo, la altura, la personalidad, los gustos, la fuerza de los músculos o el tipo de sangre determina en gran medida cómo somos.

Y que seamos diferentes es bueno para la especie. Cuanta más variedad de individuos haya en una población, mejor se podrá adaptar esta en un entorno cambiante.

EL CONCEPTO «VARIABILIDAD GENÉTICA» SE REFIERE A LA DIVERSIDAD Y A LAS FRECUENCIAS DE LOS GENES EN UNA POBLACIÓN.

Todas estas diferencias, toda esta VARIABILIDAD en las especies, se deben principalmente a las MUTACIONES y a la mezcla de genes que los padres transmiten a los hijos.
👁 Pág. 20

Imagina que tenemos dos poblaciones de 100 flores cada una

Si en una población de flores tenemos diversidad de colores, como flores rojas, blancas, amarillas y lilas, podemos decir que en esa población hay cuatro versiones del gen del color de la flor. Pero, para saber su variabilidad genética, también hay que tener en cuenta la frecuencia, la cantidad de flores de cada color, presente en la población.

POBLACIÓN 1

COLOR	INDIVIDUOS	FRECUENCIA DE ALELO
🌸 (naranja)	25	25 %
🌼 (blanca)	25	25 %
🌼 (amarilla)	25	25 %
🌸 (lila)	25	25 %

POBLACIÓN 2

COLOR	INDIVIDUOS	FRECUENCIA DE ALELO
🌸 (naranja)	5	5 %
🌼 (blanca)	50	50 %
🌼 (amarilla)	25	25 %
🌸 (lila)	20	20 %

LA VARIABILIDAD GENÉTICA ES ESENCIAL PARA LA SUPERVIVENCIA, LA ADAPTACIÓN Y LA PROSPERIDAD DE LAS POBLACIONES.

LA TEORÍA DE LA EVOLUCIÓN (MODERNA)

La teoría moderna de la evolución es la explicación científica que describe cómo las especies han ido cambiando a lo largo del tiempo a partir de sus antepasados.

Todas las especies vivas, incluyendo los seres humanos, comparten un ancestro común, LUCA (ver pág. 44), y han evolucionado a partir de formas de vida más simples a lo largo de millones de años. La evolución es responsable tanto de los considerables parecidos como de la sorprendente diversidad de la vida. Como ya comentamos, la evolución ocurre cuando se producen cambios en una población que pueden heredar las generaciones siguientes, los descendientes.

Podemos ver la evolución como las modificaciones sucedidas a lo largo del tiempo en los genes y en la frecuencia (la cantidad que hay de cada uno de ellos) en una población.

Pero ¿qué produce estos cambios?

DERIVA GENÉTICA

Es el cambio aleatorio en la frecuencia de los genes en una población. Esto puede ocurrir debido a factores ambientales o al azar en la reproducción, y puede llevar a la pérdida de variación genética en una población, sobre todo si es pequeña.

Es el movimiento de individuos de una población a otra con el intercambio de genes. Esto puede producir una nueva variación en una población o eliminar ciertas características de otra.

MIGRACIÓN

LOS MOTORES DE LA EVOLUCIÓN

SELECCIÓN NATURAL

 Pág. 12

ES EL MECANISMO PRINCIPAL DE LA EVOLUCIÓN.

Es el proceso por el cual los individuos con ciertas características beneficiosas tienen más probabilidades de sobrevivir y reproducirse, así como de transmitir esas características (genes) a sus hijos y propagarlas por la población.

MUTACIÓN

 Pág. 24

Es la responsable de los cambios en el material hereditario, en el ADN, y, por tanto, de la aparición de nuevas características en una población, de nuevos genes. Sin mutación no existiría variación, por lo que no habría evolución.

ESTOS MOTORES NO SON EXCLUYENTES Y PUEDEN INTERACTUAR ENTRE ELLOS.

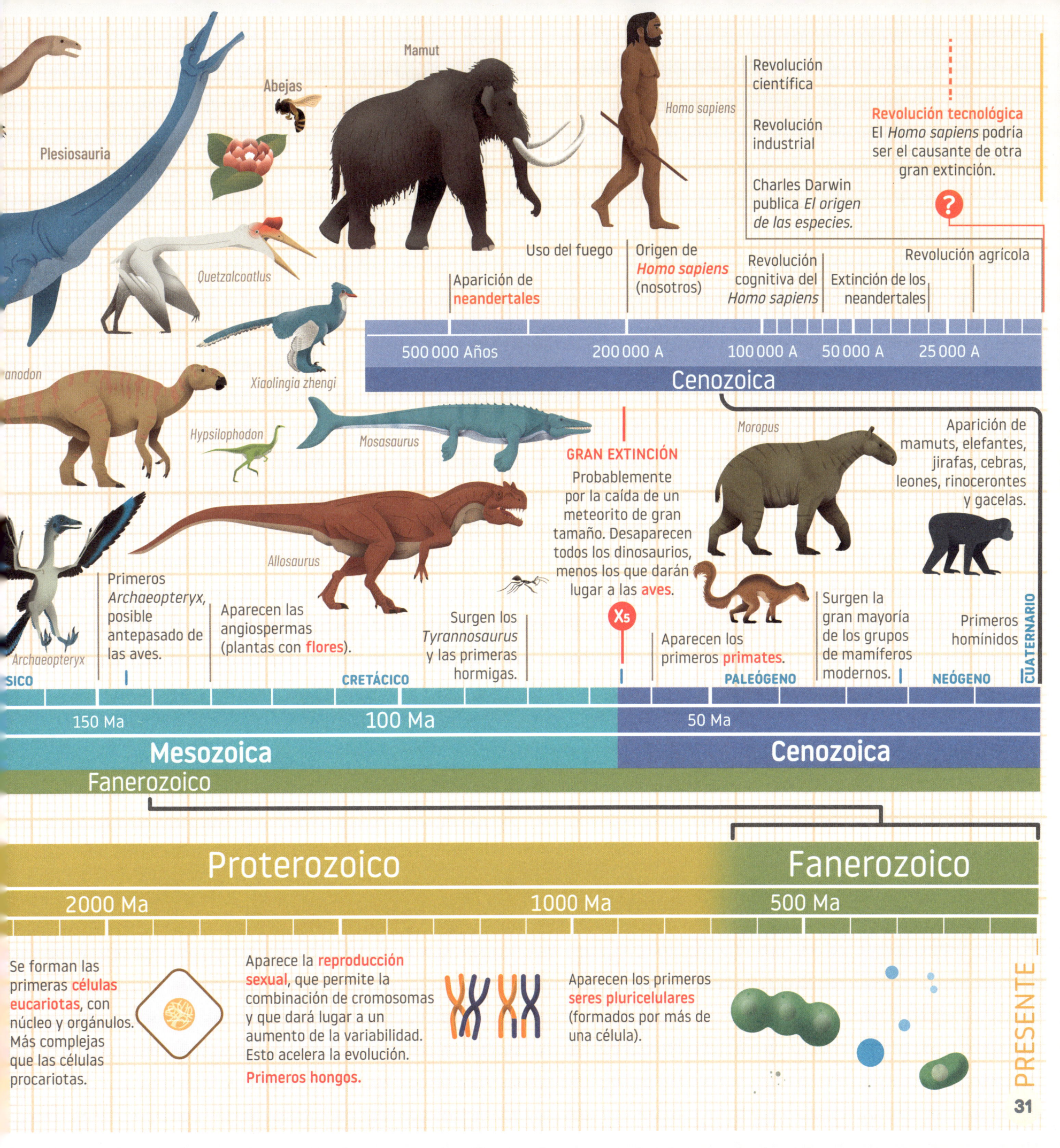

ESPECIACIÓN

Básicamente, la especiación ocurre cuando una población se divide en grupos que, por alguna razón, quedan aislados en diferentes regiones o territorios. Con el tiempo, los individuos de los diversos grupos se van adaptando a su entorno y evolucionan en varias direcciones hasta que llega un punto en el que son lo suficientemente diferentes como para no poder reproducirse entre ellos. Es decir, las distintas poblaciones no pueden intercambiar genes de forma efectiva y cada una de ellas empieza a ser una especie distinta de la original.

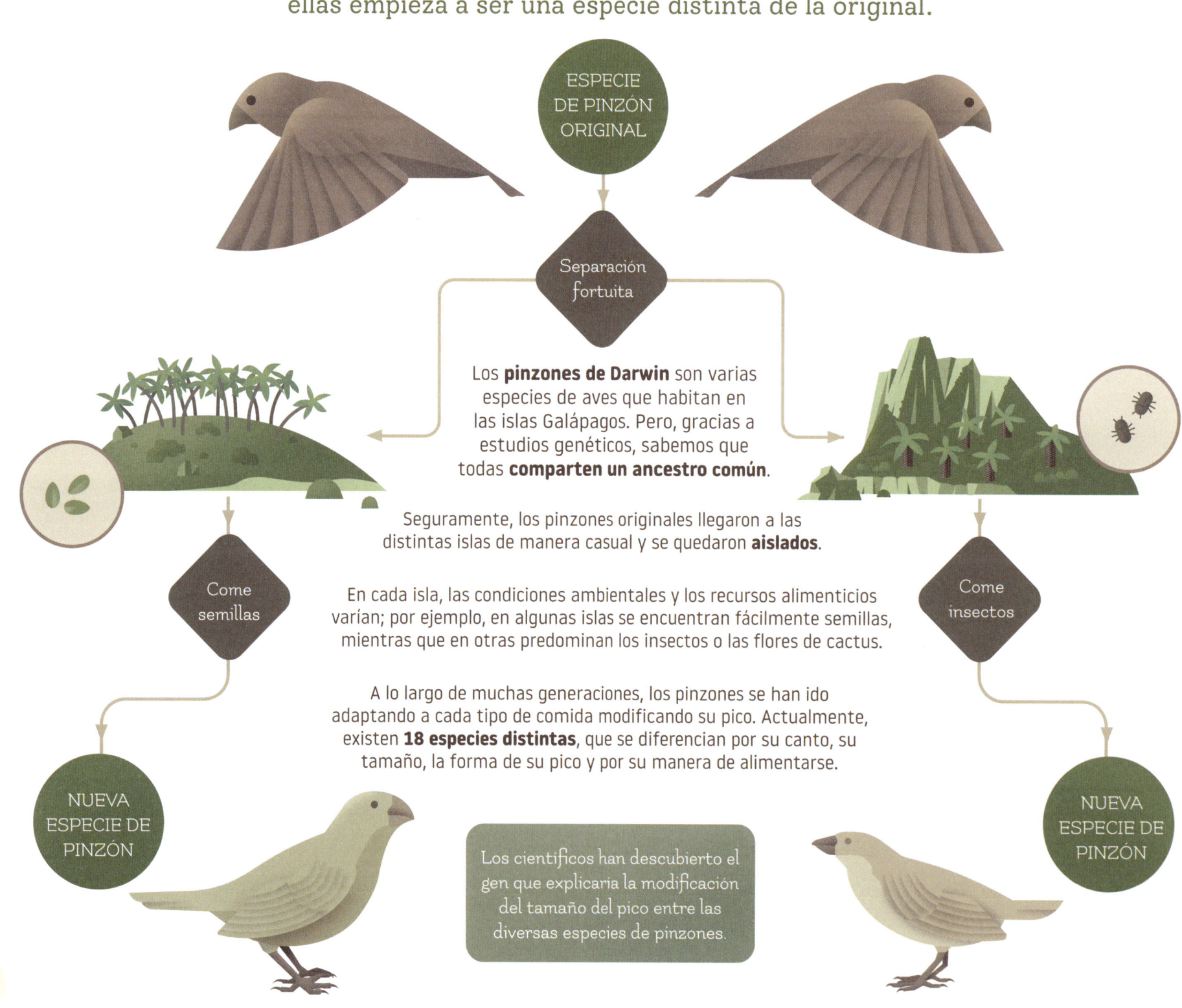

Los **pinzones de Darwin** son varias especies de aves que habitan en las islas Galápagos. Pero, gracias a estudios genéticos, sabemos que todas **comparten un ancestro común**.

Seguramente, los pinzones originales llegaron a las distintas islas de manera casual y se quedaron **aislados**.

En cada isla, las condiciones ambientales y los recursos alimenticios varían; por ejemplo, en algunas islas se encuentran fácilmente semillas, mientras que en otras predominan los insectos o las flores de cactus.

A lo largo de muchas generaciones, los pinzones se han ido adaptando a cada tipo de comida modificando su pico. Actualmente, existen **18 especies distintas**, que se diferencian por su canto, su tamaño, la forma de su pico y por su manera de alimentarse.

Los científicos han descubierto el gen que explicaría la modificación del tamaño del pico entre las diversas especies de pinzones.

Microevolución y macroevolución

Con **MICROEVOLUCIÓN** nos referimos a los cambios evolutivos que ocurren en el ámbito de las poblaciones y que pueden ser observados y medidos en escalas de tiempo relativamente cortas, como generaciones o décadas.

Estos cambios se relacionan con la variación genética dentro de las poblaciones, y pueden dar lugar a adaptaciones a un entorno cambiante y a la formación de nuevos caracteres heredables.

La microevolución es la evolución a pequeña escala. Básicamente solo nos fijamos en una rama del árbol de la vida.

Así, la microevolución puede dar lugar a cambios en la frecuencia de los alelos en una población, lo que puede generar adaptaciones a un entorno cambiante. También puede causar la formación de nuevas variantes genéticas, como la aparición de resistencia a los antibióticos en bacterias o la evolución de características de coloración en una población de animales.

VER UN EJEMPLO DE **MICROEVOLUCIÓN** EN LA PÁG. 36

Con **MACROEVOLUCIÓN** nos referimos a los cambios evolutivos que ocurren a gran escala, tales como la formación de nuevas especies, la diversificación de grupos de organismos y la evolución de características complejas.

La macroevolución es la evolución a gran escala. Nos fijamos en una parte amplia del árbol de la vida para ver cómo ha sido su historia.

La macroevolución implica procesos evolutivos que se extienden a través de largos períodos de tiempo, de millones de años, y que dan lugar a patrones complejos de diversidad biológica, como la formación de nuevas especies a partir de una población original a través de la separación geográfica o reproductiva.

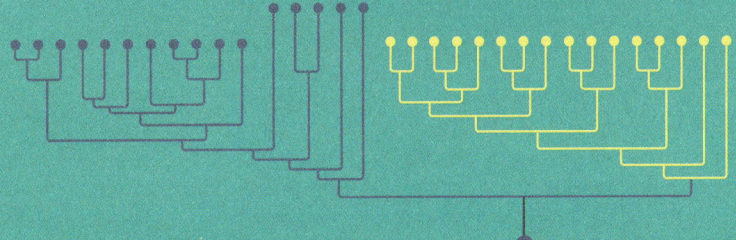

La macroevolución también puede implicar la evolución de características complejas, como la aparición de nuevas estructuras corporales, tales como las plumas y las alas.

VER UN EJEMPLO DE **MACROEVOLUCIÓN** EN LA PÁG. 34

MICROEVOLUCIÓN

LA POLILLA MOTEADA

LA POLILLA MOTEADA O MARIPOSA DE LOS ABEDULES (*Biston betularia*) UTILIZA EL TRONCO DE LOS ABEDULES PARA CAMUFLARSE DE SUS DEPREDADORES, PRINCIPALMENTE AVES.
HAY DOS VARIEDADES DE ESTA POLILLA:

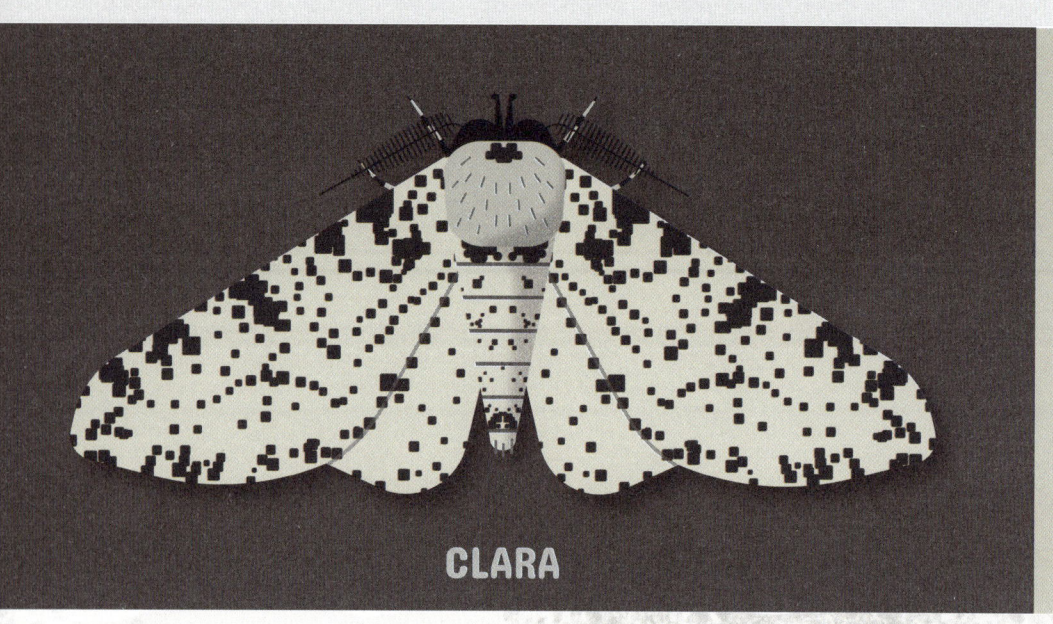

CLARA

OSCURA

En la corteza de los abedules crece un liquen* que les da su aspecto característico. La polilla moteada tiene hábitos nocturnos y durante el día descansa sobre la corteza de los abedules. La variedad clara de estas polillas queda perfectamente camuflada mientras descansa sobre su tronco y pasa desapercibida a sus depredadores.

Está muy bien adaptada a los limpios bosques de abedules.

* Un LIQUEN es la asociación de dos especies, un hongo y un alga, que se ayudan mutuamente. El hongo obtiene alimento del alga y el alga humedad del hongo para no desecarse. Este tipo de unión entre especies en las que todas salen beneficiadas es una SIMBIOSIS.

A principios del siglo XIX en Inglaterra, la variedad oscura de las polillas era poco frecuente.
Al descansar sobre la corteza clara de los abedules, quedaban muy visibles y se convertían en presa fácil para los depredadores, a diferencia de la variedad clara, que pasaba desapercibida.

Durante la Revolución Industrial, la quema de carbón para generar vapor de agua contaminaba mucho el ambiente, produciendo hollín que oscurecía todo, incluyendo los abedules, y destruía además los líquenes que se encontraban en su corteza.

En aquel momento, la variedad oscura de las polillas era la que mejor se adaptaba a su entorno, ya que quedaba camuflada en las cortezas ennegrecidas, lo que les permitía sobrevivir y reproducirse con éxito, mientras que las polillas claras eran muy visibles y se convertían en presas fáciles para los pájaros.

Con ese cambio en el ambiente, la población de polillas oscuras aumentó muchísimo y la de mariposas claras disminuyó hasta casi desaparecer.

A mediados del siglo XX, las autoridades inglesas se dieron cuenta de que la contaminación era muy perjudicial para la población y el entorno, y prohibieron quemar tanto carbón. Consiguieron disminuir la polución, y los bosques de abedules recuperaron su esplendor: los árboles se aclararon y los líquenes volvieron a crecer en sus cortezas. Las polillas claras recuperaron su camuflaje y volvieron a tener una ventaja evolutiva sobre las oscuras, que ahora eran las que volvían a ser un blanco fácil para los depredadores.

El color en la población de polillas varió de nuevo y volvió a ser igual que antes de la Revolución Industrial. Ahora la variedad oscura es muy rara de ver.

ESTE ES UN CLARO EJEMPLO DE CÓMO UNA ESPECIE EVOLUCIONA POR SELECCIÓN NATURAL PARA ADAPTARSE A SU ENTORNO.

MACROEVOLUCIÓN

LA EVOLUCIÓN DE LAS AVES

Las aves son uno de los grupos animales más diversos, fascinantes y exitosos de la Tierra. Han evolucionado a partir de un ancestro común que compartieron con los dinosaurios hace unos 150 millones de años.

Los fósiles más antiguos conocidos de aves datan del Jurásico superior, hace unos 150 millones de años, y son bastante similares a los **terópodos**, un grupo de dinosaurios carnívoros entre los que se encuentra el famoso *Tyrannosaurus rex*, con el que las aves comparten un ancestro común. Aunque sus parientes más cercanos son los **dromeosáuridos**, un subgrupo de terópodos coloquialmente llamados «**raptores**» (entre los que se halla el *Velociraptor*), mucho más pequeños, ágiles e inteligentes.

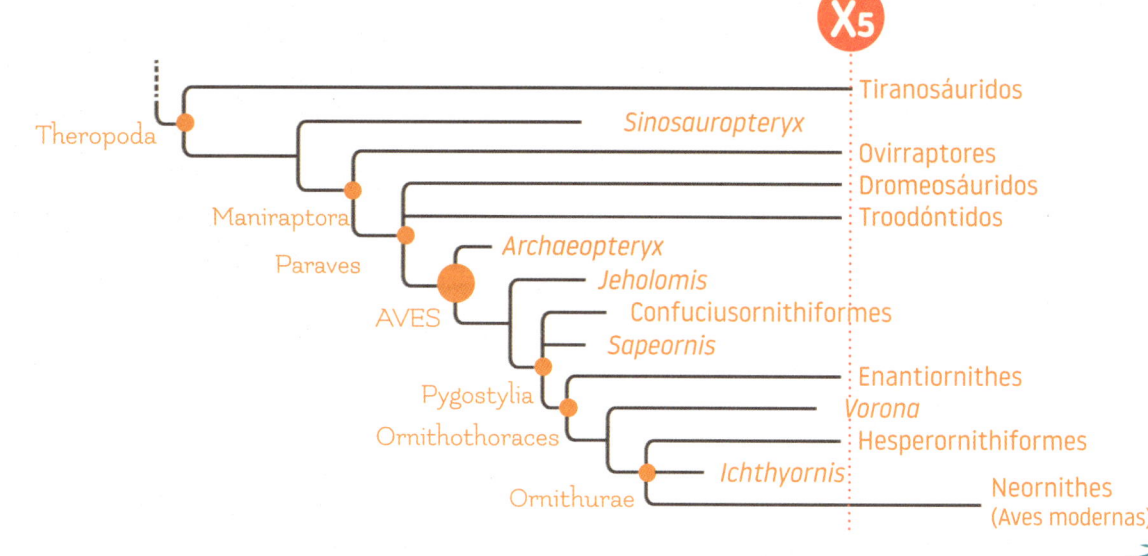

Velociraptor

A cámara lenta

Cómo la evolución crea nuevos grupos de animales o nuevas especies ha intrigado a los científicos desde hace tiempo: ¿lo hace de golpe, en el transcurso de pocos años, o de forma más lenta y continua, a lo largo de muchísimo tiempo?

La evolución de las aves ha sido objeto de estudio científico durante mucho tiempo y, gracias sobre todo al registro fósil (ver pág. 40) de las aves y sus antepasados, los dinosaurios, sabemos que los rasgos distintivos de las aves se fueron acumulando paulatinamente a lo largo de millones de años. Parece ser que la evolución a gran escala se toma su tiempo y actúa de manera pausada, ¡a cámara lenta!

CRETÁCEO SUPERIOR

Las plumas, ¿surgieron para volar?

Al ver un animal con plumas, inmediatamente pensamos en un pájaro. Pero ¿cuál es el origen de estas? Esta pregunta ha sido un enigma para los científicos durante mucho tiempo. Siguiendo la pista a través de fósiles de dinosaurios, sabemos que las plumas no aparecieron de repente con las primeras aves, sino que su origen se remonta aún más atrás, a sus antepasados reptilianos.

Esas primeras plumas se parecían más a plumones y eran bastante diferentes de las actuales. Los científicos creen que su principal función era mantener el cuerpo caliente.
Los fósiles han revelado que las plumas primigenias evolucionaron en los dinosaurios hacia versiones más elaboradas y coloridas. Se sospecha que eran para la exhibición, como en el caso de los pavos reales macho, que despliegan sus llamativas colas para impresionar a las hembras.

Así que el vuelo pudo surgir de manera accidental. Los dinosaurios con alas primitivas descubrieron que podían planear al saltar de rama en rama, lo que les proporcionaba cierta ventaja en el aire. Con el tiempo, desarrollaron músculos pectorales más grandes y brazos más largos, en forma de alas, hasta convertirse en las aves modernas.

Las aves son otro tipo de dinosaurio, el único que ha sobrevivido hasta nuestros días; los demás se extinguieron hace 66 millones de años.

Oviraptor

A medida que la evolución avanzaba, las aves fueron desarrollando características distintivas (como un pico sin dientes, plumas, huesos más ligeros o el desarrollo de los músculos del vuelo), que les permitieron adaptarse y sobrevivir en diversos ambientes. Además, el desarrollo de la capacidad de generar calor interno y bastante energía les permitió volar a grandes altitudes y en climas fríos.

Pingüino emperador

Gracias a esas adaptaciones, las aves son uno de los grupos de animales más diversos y exitosos. Actualmente, existen unas 10 000 especies de muchas formas y tamaños: desde los pequeños colibríes hasta las imponentes águilas; o, en el caso de las aves no voladoras, desde los pingüinos, adaptados para nadar, a los grandes y veloces avestruces.

Gallina

PRESENTE

Petirrojo

COEVOLUCIÓN

En la naturaleza, podemos ver ejemplos en los que dos o más especies interactúan y se influyen mutuamente en sus características y adaptaciones. Esas especies evolucionan conjuntamente. Los biólogos llaman a esta adaptación evolutiva mutua entre especies COEVOLUCIÓN.

Las plantas con flores ofrecen néctar y polen a insectos como las abejas, las avispas o las mariposas, a cambio de que lleven el polen de una flor a otra para fertilizarlas. Las flores se han adaptado para comunicarse con los insectos a través de olores y colores, para que estos puedan saber dónde y a qué distancia está una flor. Por su parte, los insectos se han adaptado para recolectar eficazmente la comida y el polen.

La acacia cornigera tiene espinas huecas y produce néctar en sus hojas. Algunas especies de hormigas viven en sus espinas y se alimentan del néctar, y, a cambio, protegen a la acacia de los herbívoros. Es probable que este sistema sea el resultado de la coevolución. Las plantas han desarrollado espinas huecas y néctar para atraer a las hormigas, y las hormigas han desarrollado comportamientos de defensa para proteger a las plantas. Se han influido mutuamente durante su evolución.

Los camarones limpiadores de Pederson ofrecen servicios de limpieza de parásitos a varias especies de peces. Cuando un pez se acerca, el camarón mueve las antenas mostrando su disposición a limpiarlo. Por su lado, el pez le envía señales para indicar que está listo para la limpieza (¡sin comerse al camarón!). Entonces, el camarón se come los parásitos y le limpia zonas como el interior de las branquias o la boca. Así, el pez se libra de los parásitos y el camarón obtiene alimento. Es una relación en la que ambos ganan.

SELECCIÓN ARTIFICIAL

La selección artificial es un proceso por el que los seres humanos intervienen en la evolución de ciertas especies seleccionando y criando individuos con características específicas consideradas beneficiosas para nosotros. Al hacerlo, se interviene en la herencia y en los genes de estas especies.

Utilizamos mucho la selección artificial en la **agricultura**, la **ganadería** y la **cría de animales** domésticos para obtener variedades más productivas, resistentes a enfermedades, más grandes, más sabrosas o cualquier otra característica que nos parezca útil.

Gracias a la edición genética, somos capaces de realizar cambios en el ADN de organismos vivos y retocar genéticamente algunas especies en nuestro beneficio.

Los **perros son descendientes directos de los lobos**. Su domesticación ocurrió hace miles de años, cuando los humanos primitivos interactuaron con lobos que se acercaban a los asentamientos en busca de alimento y refugio. Ha sido un proceso gradual y evolutivo en el que los humanos hemos ido seleccionando las características que más nos han interesado para **criar las diferentes razas de perros**.

A lo largo de muchas generaciones, la reproducción selectiva de estos animales ha llevado a la aparición de una **enorme variedad** de tamaños, formas y colores, lo que nos ha servido para cazar, para el pastoreo, para protegernos o para hacernos compañía.

A lo largo de miles de años, **los agricultores han seleccionado las semillas** de las plantas más productivas, más sabrosas o con mejor aspecto de sus cultivos para plantar la siguiente generación, lo que ha llevado a una **mejora de las cosechas con el tiempo**.

Así, tenemos tomates grandes y sabrosos, vacas que dan mucha leche, gallinas que ponen huevos grandes, sandías casi sin pepitas, caballos muy rápidos o muy fuertes y arroces resistentes a plagas. Incluso hemos seleccionado microorganismos, como bacterias u hongos, para hacer alimentos como el pan o el queso.

FÓSILES

Los fósiles son los **restos de organismos** que existieron en el pasado **conservados en rocas u otros materiales**. Pueden ser restos de organismos completos, como esqueletos, conchas, dientes, plumas, hojas, semillas, etc.; o pueden ser huellas o rastros, como pisadas, huellas de gusanos o de hojas impresas en rocas.

Estos vestigios nos ayudan a **entender cómo eran los animales** y las plantas que vivieron hace cientos, miles o incluso millones de años **y cómo la vida ha ido evolucionando** a lo largo del tiempo.

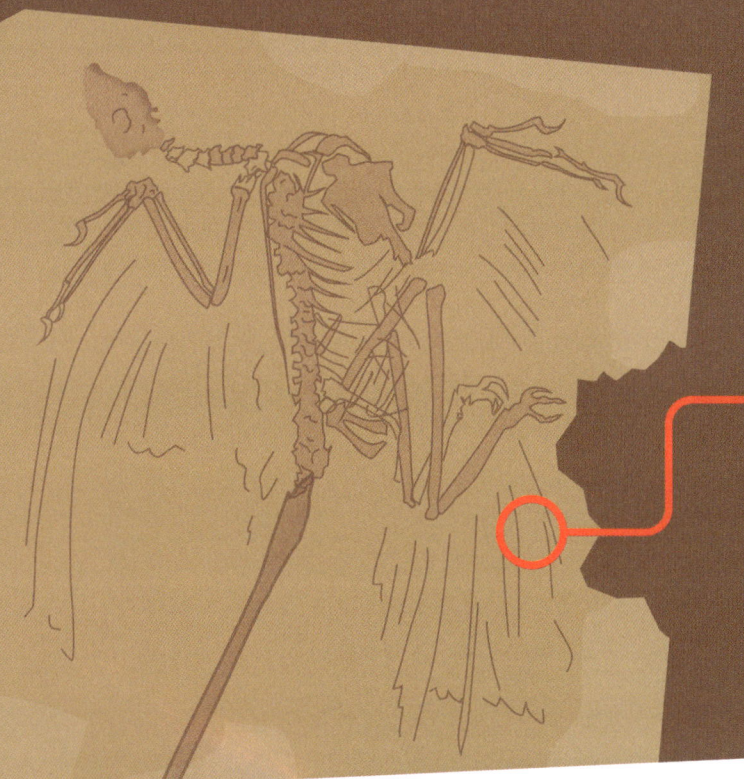

En este fósil de *Microraptor gui* se pueden apreciar plumas fosilizadas. Es una de las pistas «escritas en las rocas» que han tenido los científicos de que existieron dinosaurios alados.

Este y otros fósiles similares sugieren que las plumas evolucionaron en los dinosaurios mucho antes de que aparecieran las aves.

Por descubrimientos como este, sabemos que los antepasados de las aves actuales fueron dinosaurios.

Gracias a los fósiles, sabemos que *Microraptor gui* fue un pequeño dinosaurio de alrededor de un metro de longitud que vivió hará unos 120 millones de años en lo que hoy es China.

No podemos saber de qué color era o si podía volar, aunque es probable que pudiera planear.

FÓSIL PROVIENE DEL LATÍN *FOSSILIS*, QUE SIGNIFICA 'EXCAVADO'

¿Cómo se forman los fósiles?

1 Muerte y enterramiento

Cuando un ser vivo muere, rápidamente se descompone. Para quedar fosilizado, un animal o una planta tiene que quedar rápidamente enterrado tras su muerte para que su descomposición se ralentice y no sea tan rápida. El lodo o el fondo arenoso bajo las aguas es ideal para que se formen fósiles.

② Capas de sedimentos

Al quedar enterrado, capas de rocas y minerales se acumulan sobre los restos del animal o planta. Con el tiempo, estas capas de sedimentos se compactan y se comprimen hasta convertirse en roca. Además, los minerales que hay en los restos del organismo quedan reemplazados por minerales rocosos y se convierten en un fósil.

③ Desenterramiento

Los paleontólogos son los científicos que estudian la vida del pasado. Son los principales responsables de desenterrar los restos fósiles hallados en un yacimiento para luego poderlos estudiar en el laboratorio y ver cómo fue la vida en ese lugar hace mucho tiempo. Usan martillos, cinceles, cepillos y otras herramientas, que utilizan con mucho cuidado para no estropear nada y preservar el máximo de información.

También hay fósiles de ámbar. Suelen ser insectos y otros pequeños animales y plantas que quedaron atrapados en la resina de los árboles. Al secarse esta resina, se formó el ámbar con los especímenes perfectamente conservados.

Otro tipo de fósiles son los coprolitos, excrementos fosilizados que nos permiten saber qué comían los dinosaurios.

«DISEÑOS» MEJORABLES

La complejidad que vemos en los seres vivos, debida a la adaptación de los individuos a su entorno a lo largo de mucho tiempo por la evolución, nos podría llevar a pensar que la naturaleza ha esculpido organismos perfectamente diseñados para vivir en sus hábitats.

Pero la selección natural no es un superdiseñador, sino más bien un artesano que, a base de azar, ensayo y error, va haciendo lo que puede con lo que tiene a mano; el mejor diseño posible para un entorno concreto, aunque no sea el perfecto ni el mejor. Incluso a veces puede llegar a ser extraño o desventajoso.

Los humanos compartimos la misma entrada para la vía respiratoria (tráquea) y la alimentaria (esófago), y eso puede causarnos algunos problemas. Por ejemplo, cuando nos atragantamos al tragar algo demasiado rápido, y no damos tiempo a la epiglotis a cerrar la vía respiratoria, lo ingerido puede ir a parar a los pulmones y causar sensación de ahogo y tos. O se nos puede quedar bloqueado en la garganta y obstruir la entrada de aire.

Las larvas de proteo conservan ojos exteriores, pero en los adultos estos se convierten en órganos oculares bajo la dermis.

Varias especies que viven en cuevas o ambientes subterráneos, como ciertos peces, insectos, topos, anfibios o singularidades como el proteo (*Proteus anguinus*), han perdido la visión por la falta de luz en su hábitat.
La presencia de ojos sin función en estos animales puede considerarse un mal diseño, ya que representa una inversión de energía en un órgano que ya no proporciona ninguna ventaja adaptativa. Este es un buen ejemplo de que la evolución no está prediseñada.

Ten en cuenta que lo que consideramos «malos diseños evolutivos» a menudo es fruto de que partimos de lo que sabemos hoy día gracias a la ciencia. La evolución no siempre halla buenas soluciones y puede dejar vestigios de estructuras que ya no son necesarias, son ineficientes o que, sencillamente, cumplen mal su función.

SI LAS ESPECIES HUBIESEN SIDO DISEÑADAS DESDE CERO A LA PERFECCIÓN, NO SE HABRÍAN EXTINGUIDO EL 99 % DE ELLAS >>>>

EXTINCIONES

X

La actividad humana es, en gran parte, la causa de una crisis de biodiversidad en la Tierra.

Es probable que nos encontremos a las puertas de la sexta extinción masiva.

El bisonte estepario (Bison priscus) es una especie de bisonte extinguida que habitó gran parte de las estepas euroasiáticas y América del Norte durante el Pleistoceno. Eran animales similares a los actuales bisontes europeos, pero mucho más grandes y con cuernos más largos. Se cree que esta especie dio origen al actual bisonte europeo a partir de formas menores que se adaptaron al nuevo medio cálido y boscoso que comenzaba a sustituir a la tundra glacial euroasiática.

El silfio fue una planta muy utilizada por griegos y romanos como medicina y condimento culinario. Originaria de la provincia romana de Cirenaica (en la actual Libia), se importaba al resto del imperio. Se cree que se extinguió en el siglo I.

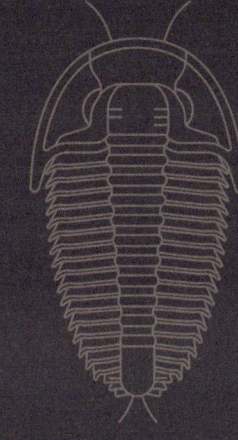

Los trilobites fueron una clase de artrópodos de los que se han catalogado unas 22 000 especies diferentes. Aparecieron y se diversificaron durante el Cámbrico. Tras la extinción masiva del Ordovícico-Silúrico, solo sobrevivieron algunas formas, que desaparecieron durante la extinción masiva del Pérmico-Triásico.

El baiji (Lipotes vexillifer) era un delfín que vivía en las aguas fluviales del Yangtsé en China. Hace 40 años que no se avista ningún ejemplar, por lo que se le considera extinto, seguramente debido a la contaminación del río.

Se calcula que el 99 % de las especies que han poblado nuestro planeta se han extinguido.

Esto significa que, en algún momento, estas especies que antaño habitaron la Tierra no pudieron adaptarse a un nuevo entorno. No estaban «bien diseñadas» para el cambio que se produjo en su hábitat, y no les dio tiempo a evolucionar. Sencillamente, murieron todos los miembros de esa especie sin dejar descendencia.

EXTINCIONES MASIVAS A partir de los registros fósiles, se han constatado cinco períodos en los que gran parte de las especies desaparecieron debido a cambios catastróficos en el medio. Aunque las extinciones masivas fueron acontecimientos mortales, abrieron la posibilidad de que surgieran nuevas formas de vida y prosperasen nuevas especies.

Especies desaparecidas:

	85 %	82 %	96 %	75 %	76 %

	Ordovícico-Silúrico	Devónico-Carbonífero	Pérmico-Triásico	Triásico-Jurásico	Cretácico-Paleógeno
	Hace 444 Ma	Hace 359 Ma	Hace 252 Ma	Hace 201 Ma	Hace 66 Ma

LUCA
(Last Universal Commom Ancestor)

LUCA ES EL ORGANISMO ANCESTRAL DEL QUE PROVIENEN TODOS LOS ORGANISMOS VIVOS ACTUALES.

Hay tres grandes dominios en los que podemos dividir la diversidad de la vida: bacterias, arqueas y eucariotas (nosotros y los demás animales, plantas y hongos). Estos tres grupos son muy diferentes entre sí. Cada uno tiene rasgos propios muy característicos que los definen.

Por ejemplo, las células eucariotas son las únicas que poseen núcleo celular donde se almacena el material genético. Por otro lado, las arqueas tienen una membrana celular muy distinta a la de las bacterias y eucariotas.

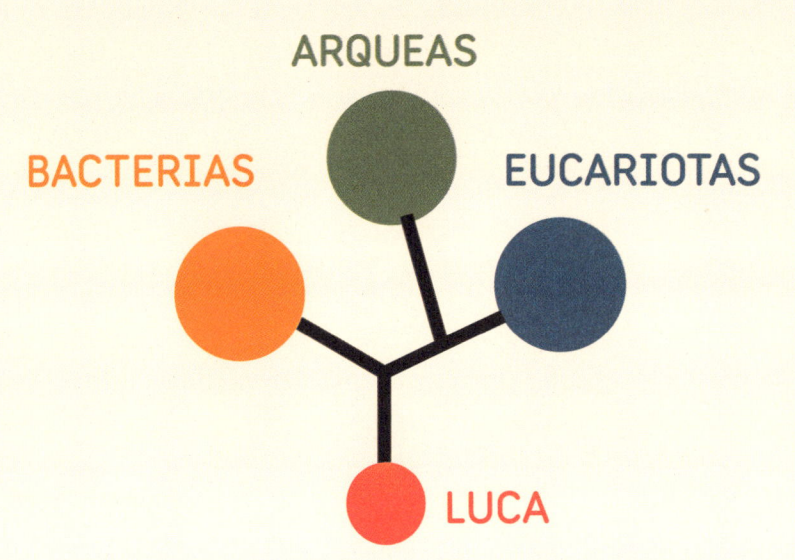

A pesar de nuestras grandes diferencias, todos los seres vivos de la Tierra compartimos una serie de características que hacen pensar que tuvimos un origen común: LUCA, unos organismos unicelulares que vivieron hará unos 4000 millones de años, que comenzaron a dividirse y a evolucionar hasta dar origen a todos los seres vivos que conocemos.

Y, SI LOS GRUPOS SON TAN DIFERENTES, ¿CÓMO SABEMOS QUE TODO EMPEZÓ CON UN ANCESTRO COMÚN?

Gracias a los avances en bioinformática, se han comparado las proteínas de unas 1000 especies actuales y se ha podido observar qué proteínas son comunes a todas las especies y cuáles no.

Se ha estimado que al menos unas 500 familias de proteínas son comunes a todas las especies, por lo que, casi con toda seguridad, todos los seres vivos las tuvimos que heredar de un antepasado común: LUCA.

Entre estas proteínas ancestrales comunes se encuentran las que llevan a cabo la copia de genes a ARN para traducirlos y poder fabricar proteínas. Así, sabemos que este sistema de funcionamiento tan complejo de la célula ya lo poseía LUCA.

Aún quedan muchas dudas por resolver acerca de LUCA, pero seguro que con el desarrollo de nuevas técnicas y tecnologías tendremos una visión más completa y detallada de la historia de la vida.

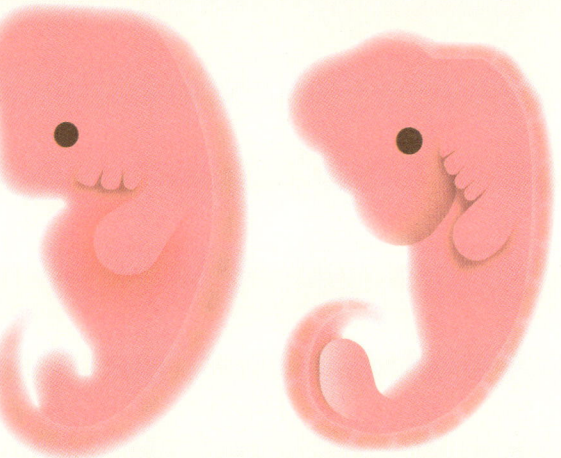

Embrión humano   Embrión de ave

Los embriones de vertebrados (como aves, mamíferos y anfibios) en sus primeras semanas de desarrollo son sorprendentemente parecidos. Ese fue uno de los factores que llevó a los científicos a pensar que compartimos ancestros, un origen común y evolutivo.

LOS FUTUROS HUMANOS

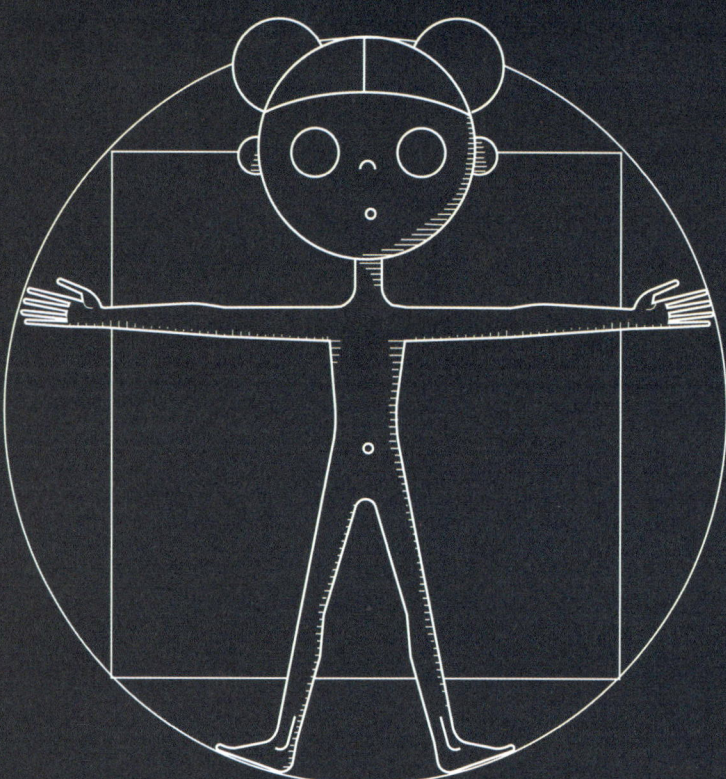

LOS HUMANOS, COMO TODAS LAS ESPECIES, SEGUIMOS EVOLUCIONANDO

No sabemos cómo serán los humanos del futuro, pero sin duda nos seguiremos adaptando a un entorno profundamente mediatizado por la tecnología.

Así, nuestros cuerpos se verán afectados por factores como los avances en medicina y genética, los implantes de nanotecnología o la convivencia con inteligencias artificiales.

Además, si la humanidad se convierte en una especie interplanetaria, sin duda también deberá adaptarse a las nuevas condiciones de gravedad y a la exposición a la radiación cósmica.

Seguramente dejaremos de ser *Homo sapiens* para convertirnos en una o varias especies diferentes. Pero este es un proceso que requerirá miles y miles de años.

¡Ojalá no nos extingamos antes y sepamos cómo avanzar hacia una mejor versión de la humanidad!

VIDA EXTRATERRESTRE

QUE EN LA TIERRA SURGIERA LA VIDA, ¿FUE ALGO RARO Y EXTRAORDINARIO QUE SOLO HA OCURRIDO AQUÍ GRACIAS A LAS CONDICIONES EXCEPCIONALES DE NUESTRO PLANETA, O ES ALGO QUE PUEDE SUCEDER EN OTROS MUNDOS?

Los elementos químicos que componen la vida (al menos la que conocemos) están presentes en muchas partes del universo, pero hasta ahora el único planeta del que sabemos que se ha organizado de forma extremadamente compleja para dar lugar a la vida es el nuestro.

No sabemos si hay vida fuera de la Tierra. Por ahora, todo lo que podemos hacer es buscar rastros de vida (pasada o presente) en entornos parecidos al nuestro, en los exoplanetas que reúnan las condiciones (temperatura, agua, elementos químicos) para que se desarrolle la vida.

Un exoplaneta es un planeta que orbita alrededor de una estrella diferente al Sol; pertenece a un sistema planetario distinto a nuestro sistema solar.

Gracias a los potentes telescopios que tenemos hoy en día y a los avances en la tecnología, se han descubierto miles de exoplanetas. Lo curioso es que estos mundos lejanos recién descubiertos se parecen poco o nada a la Tierra. Lógicamente, detectar vida en un planeta que orbita alrededor de una estrella lejana no va a ser nada fácil, pero, gracias a los avances tecnológicos, se podrán buscar rastros de vida remota.

¿PUEDE HABER MÁS VIDA EN EL UNIVERSO?

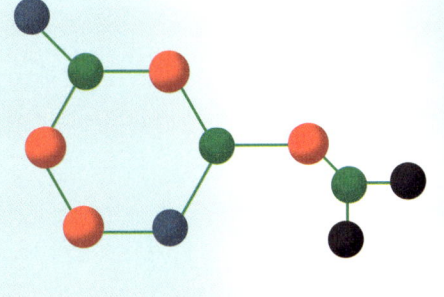

Se han descubierto moléculas orgánicas complejas en sistemas planetarios en formación, lo que sugiere que la vida podría tener raíces interestelares y ser bastante común en el universo. Sin embargo, aún no sabemos exactamente cómo surgió la vida en nuestro planeta.

Sabemos que hay miles de millones de estrellas con sus respectivos exoplanetas, lo que nos hace pensar que es bastante probable que haya vida en muchos de ellos. Pero quizás la vida sea algo extremadamente raro, y la probabilidad de que exista en otra parte del universo sea ínfima.

PERO ¿QUÉ ESTAMOS BUSCANDO EXACTAMENTE?

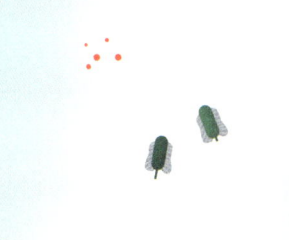

Como la única vida que conocemos es la de la Tierra, estamos intentando encontrar en otras partes del universo algo parecido, como plantas, animales o más bien microorganismos parecidos a bacterias, arqueas u hongos que puedan vivir en entornos difíciles.

Pero quizás la vida que estamos buscando sea muy diferente a la que conocemos y no esté basada en ADN, ARN, proteínas u otras moléculas orgánicas similares. Así que, ¿cómo sabremos que hemos encontrado algo si no lo conocemos y no sabemos cómo es?

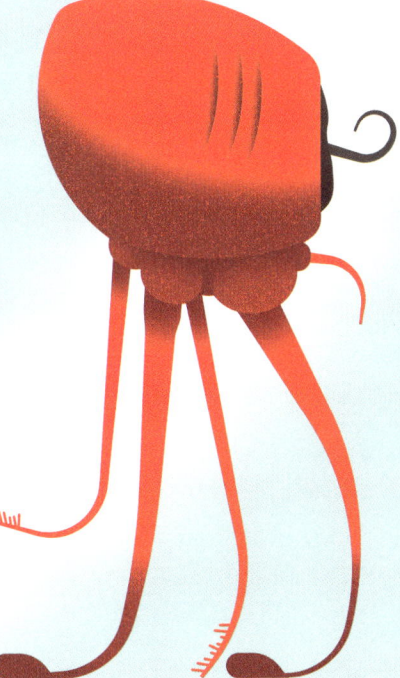

UNA COSA ES ENCONTRAR VIDA Y OTRA ES ENCONTRAR FORMAS DE VIDA CAPACES DE CREAR UNA CIVILIZACIÓN. LA CIVILIZACIÓN HUMANA APENAS HA OCUPADO UN SUSPIRO DE LA HISTORIA DEL PLANETA Y NO SABEMOS CUÁNTO DURARÁ.

Hallar vida extraterrestre no va a ser nada fácil, pero, si llega a ocurrir, ¡será impresionante!

AGRADECIMIENTOS

Sheddad (@SheddadKF) - A **Sergi Pla Rabés** por la revisión del libro.

A **Helena**, por la revisión y corrección del texto, y, sobre todo, por estar ahí siempre. Y, cómo no, a **Tarek**, a **Unai** y a **Inma**. Os quiero.

Eduard (@eduardaltarriba) - Mil gracias de mi parte a la gente que ha hecho posible este libro; sobre todo a **Meli**, por su trabajo y apoyo en los libros y en la vida. Y, claro, a **Pere**, **Lourdes** y **Ariadna**, por estar siempre ahí.

Y a todas las científicas y científicos que, con su trabajo, han hecho, hacen y harán posible llegar más y más lejos.